Faluches campagnardes	7	62
Flan aux blettes et aux pruneaux	5	65
Petites quiches aux herbes	4	60
Quiche aux champignons	3 1/2	47
Quiche aux escargots	4 1/2	52
Quiche de polenta	5	56
Quiche en feuilles de chou	6	68
Quiche sans pâte	6 1/2	67
Salade de farfalle à la mâche et au bleu	4	59
Salade du terroir	5 1/2	48
Tarte aux artichauts	4	55
Tarte aux courgettes et aux asperges	5 1/2	54
Tarte orientale aux légumes grillés	4	46
Tarte râpée	3 1/2	50
Tarte salade	6	61
Tartelettes aux pommes et au boudin antillais	4	53
Tourte aux épinards et à la feta	6 1/2	66
Tourtelle au chèvre	4	64

Les Tartes, Quiches et Salades

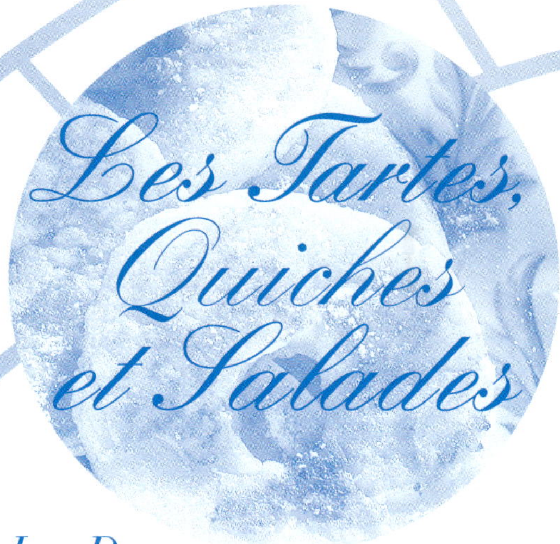

Les Sauces pour Salades

Sauce au concombre	1/2	70
Sauce aux câpres	1/2	70
Sauce marine	2	72
Sauce provençale	1	72
Sauce rosée	1	71
Sauce salade au lait de soja	1/2	71

Les Douceurs

Corolles croustillantes aux mirabelles	4 1/2	84
Gâteau pommes poires	2	80
Minestrone au yaourt de brebis	1	83
Pile ou face	1	74
Tarte aux pommes sans pâte	1	81
Tarte aux tomates caramélisées	5	76
Tarte briochée à l'orange	2 1/2	77
Tarte poires myrtilles	2	78
Tartelettes meringuées au citron	3 1/2	86

Les 10 façons de réaliser un fond de tarte savoureux ou une quiche légère

- **Feuille de brick** : compter 1 feuille par personne, 17g, 1 P par feuille, *Corolles Croustillantes aux Mirabelles* p. 84, *Pizza Croustillante au Thon Frais* p. 14
- **Galette de riz soufflé** : 1/2 P par galette, compter 2 galettes par personne soit 1 P
- **Pitta** : 1 pitta par personne, 70 g, 3 P, *Pittas Façon Pizza* p. 8
- **Pas de pâte** : la pâte est remplacée par un mélange d'œufs, crème, ou lait comme dans la *Tarte aux Légumes*, p. 50, ou bien par du jus de fruits et un peu de gélatine (*Tarte aux Pommes sans Pâte* p. 81)
- **Chips de pommes de terre** : 25 g par personne, 1/2 P, voir les *Tartelettes de Pommes de Terre aux Carottes et Poireaux* p. 32
- **Pâte à pain** : 35 g par personne, 2 1/2 P *Tarte aux Courgettes et aux Asperges* p. 54
- **Pâte à pizza** : 35 g par personne, environ 2 1/2P, *Faluches Campagnardes* p. 62
- **Pâte levée** : 3 P par personne, la *Tourtelle au Chèvre*, p. 64

Les Tartes, Quiches et Salades

Idéales pour partager un repas entre amis ou en amoureux, pour un pique-nique, un déjeuner express ou encore en plat unique pour le soir, vous aurez tout loisir de cuisiner à l'avance ces *Tartes, Quiches et Salades*. Préparées à l'avance et réchauffées ou assaisonnées au dernier moment, elles vous permettront de rester auprès de vos invités et de profiter pleinement de votre repas !

Des idées astucieuses aussi pour un minimum de Points : nous allons vous révéler tous les secrets pour réussir un fond de pâte original et décoratif. Faluches, corolles, galettes, pâte à pain, voici 10 nouveaux “ trucs ” incontournables pour allier délice et légèreté.

Pour votre plaisir et votre bien-être, nous avons mis au point ces 63 nouvelles recettes parmi lesquelles le *Millefeuille de crudité*, la *Tartelette aux pommes et boudin antillais* ou bien encore la *Tarte aux tomates caramélisées* toutes plus savoureuses et surprenantes les unes que les autres !

Selon les occasions, personnalisez ces recettes en transformant par exemple les tartes, en tartelettes et les quiches coupées en morceaux, en amuse-bouches. Alors, amusez-vous, régalez-vous et Bon appétit !

Weight Watchers®

Sommaire
par chapitre et par point

Les Océanes

	point	page
Frisée aux moules	1 1/2	17
Galettes au fromage frais et surimi	2	12
Galettes au saumon et concombre	2	21
Langoustines en salade de pomme	4 1/2	10
Pittas façon pizza	4 1/2	8
Pizza croustillante au thon frais	5	14
Quiche au crabe et aux petits légumes	3 1/2	22
Salade d'asperge verte au melon	2	20
Salade de truite fumée	5 1/2	13
Tarte au saumon et au fenouil	5 1/2	18
Tarte méditerranéenne	4 1/2	9
Tartelettes aux poireaux et Noix de Saint-Jacques	5	16

Les Légères

	point	page
Galette pizza	3	27
Millefeuille de crudité	3	42
Salade au céleri et deux pommes	3	40
Salade de betterave à l'orange	0	26
Salade de carotte à l'orientale	1/2	33
Salade de champignon au pamplemousse	1/2	36
Salade de chou blanc aux châtaignes	2 1/2	24
Salade d'endive aux trois fruits	2	38
Salade d'orange épicée	0	41
Salade fraîcheur aux germes de soja	2 1/2	44
Salade printanière aux œufs de caille	2 1/2	29
Salade Thaï	2	28
Scarole aux croûtons aillés et crème de chèvre	2 1/2	37
Tarte aux légumes	3	34
Tarte aux oignons et aux raisins	3	30
Tartelettes de pomme de terre aux carottes et poireaux	2 1/2	32

Les Généreuses

	point	page
Clafoutis aux poireaux et jambon	4	49
Clafoutis de tomate cerise à la mozzarella	5	58

• **Pâte pour tarte sucrée ou salée** : 250 g, 10 P, 60 g par personne soit 2 1/2 P
Pour 4 personnes
4 cc de matière grasse à 25 %
120 g de farine
2 petits suisses à 0% ou
100 g de fromage blanc à 0%
1/2 sachet de levure
Sucaflore ou sel selon votre recette

Faire fondre la matière grasse 5 secondes au four à micro-ondes.
Mélanger la farine, les petits suisses ou le fromage blanc. Ajouter la matière grasse fondue, la levure, le sel ou le sucre selon votre recette. Faire une boule. Fariner la feuille de cuisson et étaler la pâte à la main.

• **Pâte brisée** : 335 g, 18 P, 60 g soit 3 P par personne (*Tarte au Saumon et au Fenouil* p. 18)
Pour 6 personnes
2 petits suisses de 60 g à 0 %
140 g de farine
75 g de beurre allégé (41 %) supportant la cuisson
1 cc de sel

Disposer tous les ingrédients dans le bol d'un robot ménager (couteau en plastique), mettre en marche jusqu'à ce que la pâte se mette en boule. La laisser reposer 5 minutes pendant la préparation de la recette.
Vous pourrez conserver cette pâte au réfrigérateur ou au congélateur pour un usage ultérieur.

et aussi ..... une petite astuce indispensable pour obtenir une tarte plus grande : étaler et étirer une pâte toute prête, vous compterez ainsi un plus petit nombre de Points...

Equivalences

Fonction	Température	Thermostat
Garder au chaud	50°C à 75°C	1
Four doux	100°C à 120°C	2
	125°C à 140°C	3
Four moyen	150°C à 160°C	4
	175°C à 180°C	5
Four chaud	200°C	6
	220°C à 225°C	7
Four très chaud	240°C à 250°C	8
	260°C à 275°C	9
Four brûlant / Gril	280°C à 300°C	10

Pour chaque recette nécessitant une cuisson au four, nous indiquons un thermostat et une température moyenne qui peuvent varier selon le type de votre propre four (électrique, à chaleur tournante, à gaz, ...).
Adaptez le temps et la température de cuisson de la recette en fonction de votre four.

Les Océanes

Pour 4 personnes | Préparation : 10 mn | Cuisson : 15 mn

Les Océanes

Par Personne

41/2 P

Pittas Façon Pizza

Le marché

4 pittas (petits pains grecs)
4 CS de sauce tomate nature
100 g de sardine en filet mariné à l'aneth sans huile
1 petite boîte de champignons de Paris entiers
2 cc de sauce pesto (basilic et huile d'olive)
2 cc de parmesan râpé

Préchauffer le four à 150° C (th. 4).
Humecter légèrement les deux côtés des pittas. Les disposer sur une plaque de four. Les napper de sauce tomate. Disposer les filets de sardines et les champignons par-dessus.
Mettre au centre de chaque pizza une demi cuillère à café de sauce pesto puis parsemer d'une demi cuillère à café de parmesan.
Enfourner 15 minutes et servir.

Préparation : 30 mn | Cuisson : 40 mn | Pour 4 personnes

Tarte Méditerranéenne

Par Personne

4 1/2 P

Préchauffer le four à 180° C (th. 5).
Faire suer les oignons avec deux cuillères à café d'huile dans une poêle antiadhésive pendant 2 minutes. Saler, poivrer, ajouter l'édulcorant et quatre cuillères à soupe d'eau. Laisser compoter à feu doux pendant 20 minutes.
Etaler la pâte dans un moule à tarte sur une feuille de cuisson. La recouvrir d'un papier aluminium puis d'un plat de même diamètre et enfourner pour 10 minutes. La pâte est juste précuite.
Couper les tomates en rondelles. Dessaler les anchois dans de l'eau.
Etaler les oignons sur le fond de pâte, parsemer d'ail et de basilic. Recouvrir de rondelles de tomates. Disposer les anchois égouttés. Enfourner pour 10 minutes.
Au moment de servir, asperger d'une cuillère à café de vinaigre et d'une cuillère à café d'huile. Donner un tour de moulin à poivre. Décorer de basilic frais.

Le marché

2 oignons
3 cc d'huile d'olive
1 cc d'édulcorant
eau
200 g de pâte à pizza préemballée (20 cm de diamètre)
4 tomates
8 anchois au sel
1 cc d'ail haché
1 CS de basilic ciselé + 4 feuilles
1 cc de vinaigre de basilic
Sel, poivre

Par Personne

4 1/2 **P**

Le marché

1 salade frisée
2 cc de moutarde
4 cc de crème fraîche à 8 %
2 cc d'huile
2 CS de vinaigre
Jus d'1/4 de citron
180 g de langoustine décortiquée
180 g de feta
1 pomme ferme
1 petite courgette
Sel, poivre

Langoustine en Salade de Pomme

Nettoyer la salade.
Préparer la vinaigrette avec la moutarde, la crème fraîche, le sel, le poivre, l'huile, le vinaigre et le jus de citron.
Plonger les langoustines dans l'eau salée frémissante, les laisser cuire 3 minutes après reprise de l'ébullition.
Egoutter, décortiquer les crustacés et réserver au chaud.
Couper la feta ainsi que la pomme (lavée mais non pelée) en petits cubes et la courgette en fines lamelles. Dresser sur les assiettes : la salade, les langoustines, les dés de pomme, les dés de feta et les tranches de courgettes.
Arroser avec la sauce vinaigrette et servir mi-tiède.

Illustrée page 11

Par Personne

2 P

Le marché

4 galettes de riz soufflé
3 carrés de fromage frais allégé
8 radis
2 tranches de surimi au crabe ou 70 g de jambon de la mer
Poivre du moulin

Galettes au Fromage Frais et Surimi

Tartiner les galettes avec le fromage frais. Donner un tour de moulin à poivre.

Couper les radis en rondelles, en recouvrir les galettes.

Couper les tranches de surimi en quatre. Enrouler chaque morceau.

Disposer deux rouleaux au centre de chaque galette, les maintenir avec une pique en bois.

Préparation : 20 mn | Cuisson : 10 mn | Pour 4 personnes

Salade de Truite Fumée

Cuire les haricots verts à la vapeur pendant 10 minutes et laisser refroidir.
Laver et couper les tomates en tranches.
Découper la truite fumée en lanières.
Eplucher et écraser la gousse d'ail au presse-ail.
Ciseler le basilic.
Dans un bol, mélanger l'huile, le vinaigre, l'ail et le basilic. Saler et poivrer.
Disposer les haricots verts et blancs dans un plat de service creux, terminer par la truite fumée.
Au moment de servir, assaisonner avec la vinaigrette et décorer de basilic.

Par Personne
51/2 **P**

Le marché

400 g de haricot vert surgelé
4 tomates
4 tranches de 60 g de truite fumée
1 gousse d'ail
Feuilles de basilic
4 cc d'huile d'olive
2 CS de vinaigre balsamique
400 g de haricot blanc cuit en conserve
Sel, poivre

Pour 4 personnes | Préparation : 30 mn | Cuisson : 41 mn

Par Personne

5 P

Le marché

4 feuilles de brick prêtes à l'emploi de 28 cm
300 g de thon frais
eau
2 oignons
1 CS d'huile d'olive
200 g de dés de tomates
1 œuf
120 g de cancoillotte à 5%
1 CS de câpres
1 CC de thym
Sel, poivre

Pizza Croustillante au Thon Frais

Préchauffer le four à 180° C (th. 5).

Étaler les feuilles de bricks l'une sur l'autre dans un moule à tarte antiadhésif de 22 centimètres de diamètre. Couvrir d'un papier sulfurisé puis poser un plat de diamètre inférieur. Enfourner pour 10 minutes. Débarrasser la tarte et laisser tiédir.

Détailler le thon en cubes, les cuire 6 minutes au four à micro-ondes (à couvert) avec un peu d'eau et une pincée de sel. Égoutter.

Faire revenir les oignons émincés dans une poêle antiadhésive chaude avec la cuillère d'huile. Ajouter les tomates égouttées et une pincée de sel. Cuire 10 minutes en remuant.

Verser dans un récipient, incorporer l'œuf battu en omelette et la cancoillotte.

Étaler la préparation sur la tourte. Enfoncer les dés de thon et les câpres. Parsemer de thym, donner un tour de moulin à poivre, saler légèrement et enfourner pour 15 minutes.

Illustrée page 15

Pour 4 personnes | Préparation : 20 mn | Cuisson : 30 mn

Les Océanes

Par Personne

5 P

Tartelettes aux Poireaux et aux Noix de Saint-Jacques

Le marché

2 blancs de poireau
eau
1 CS de vin blanc
2 œufs
1 yaourt velouté
1 pincée de muscade
160 g de pâte à pizza
12 noix de Saint-Jacques (240 g)
Salade de mâche
Sel, poivre

Préchauffer le four à 210° C (th. 7).

Couper les blancs de poireau en rondelles. Les faire fondre dans une poêle antiadhésive avec un peu d'eau et le vin blanc jusqu'à ce qu'ils deviennent tendres. Réserver.

Battre les œufs et le yaourt en omelette. Saler, poivrer et muscader. Verser sur les poireaux.

Diviser la pâte à pizza en quatre. Etaler chaque pâton aussi finement que possible. Les mettre sur une feuille de cuisson dans quatre petits moules à tartelette. Précuire 10 minutes. Mettre trois noix de Saint-Jacques sur le fond de tarte puis répartir la préparation aux poireaux. Enfourner 10 minutes. Démouler. Servir chaud sur quelques feuilles de mâche.

Préparation : 15 mn | Cuisson : 2 mn | Pour 4 personnes

Frisée aux Moules

Par Personne

1 1/2 P

Nettoyer les moules. Les faire ouvrir 2 minutes sur feu vif avec le vin blanc. Décoquiller. Laver et essorer la salade.

Délayer l'huile, le vinaigre, la moutarde avec le yaourt.

Verser la sauce sur la frisée, bien remuer.

Disposer les moules sur la salade. Décorer avec des rondelles d'oignon. Donner un tour de moulin à poivre et saupoudrer de persil.

Le marché

1 kg de moule
12 cl de vin blanc sec
1 salade frisée
1 oignon rose
1 CS de persil ciselé
Poivre

Pour la sauce
1 CS d'huile de noix
1 CS de vinaigre
2 CS de moutarde
1/2 yaourt

Pour 6 personnes | Préparation : 15 mn | Cuisson : 50 mn

Par Personne

5 1/2 P

Tarte au Saumon et au Fenouil

Utiliser la recette de Pâte Brisée Weight Watchers p. 5

Le marché

335 g de pâte brisée Weight Watchers
600 g de fenouil frais ou surgelé
2 œufs
10 cl de crème fraîche à 8 %
150 g de saumon frais détaillé en dés
6 cc de gruyère râpé
Aneth ciselé
Sel, poivre

Préchauffer le four à 200° C (th. 6).

Préparer la pâte et l'étaler dans le moule recouvert d'une feuille de papier sulfurisé. Piquer avec une fourchette et recouvrir d'une feuille de cuisson de 24 centimètres pour l'empêcher de se soulever. La faire cuire pendant 10 minutes.

Pendant ce temps, détailler en lamelles le fenouil et le faire cuire 10 minutes à la vapeur (on peut gagner du temps si le fenouil est déjà débité et surgelé).

Mélanger dans un shaker les œufs, la crème, le sel et le poivre.

Retirer la pâte du four, enlever la feuille de cuisson.

Disposer les dés de saumon, le fenouil bien égoutté. Recouvrir de la crème aux œufs et parsemer de gruyère râpé. Enfourner 30 minutes et servir chaud.

Décorer avec des brins d'aneth.

Illustrée page 19

Pour 4 personnes | Préparation : 40 mn | Cuisson : 5/10 mn

Par Personne

2 P

Le marché

500 g d'asperge verte
1/2 melon
200 g de crevette rose
1/2 salade frisée
1 citron vert

Pour la sauce
2 cc de vinaigre de fruits
1/2 piment fort (facultatif)
2 CS d'huile de tournesol
Sel, poivre

Salade d'Asperge Verte au Melon

Couper le bout terreux des asperges et les peler avec un couteau économe. Les laver. Les couper en tronçons de 3 à 4 centimètres de longueur.

Faire chauffer de l'eau salée dans une marmite. A ébullition, plonger les asperges et laisser cuire 5 à 10 minutes : elles doivent rester croquantes.

Les retirer délicatement avec une écumoire et les laisser égoutter dans une passoire.

Ôter les pépins du melon. Avec une cuillère, retirer la chair du melon en formant des petites boules (ou plus simplement couper la chair en petits cubes).

Décortiquer les crevettes en les laissant entières.

Laver la frisée, l'essorer et couper les feuilles à la main.

Disposer dans une coupe : tout d'abord la salade, les boules de melon ensuite, les asperges et enfin les crevettes. Presser le citron vert au-dessus de cette salade. Laisser mariner dans le réfrigérateur pendant 15 minutes.

Préparer la sauce au moment de servir. Ajouter le piment épépiné et coupé en tout petits dés. Battre énergiquement l'ensemble.

Verser l'assaisonnement sur la salade au moment de servir.

Préparation : 10 mn

Pour 4 personnes

Galettes au Saumon et Concombre

Par Personne

2 P

Peler le concombre, découper des lanières dans la longueur à l'aide d'un couteau économe. Les arroser avec une cuillère de jus de citron.

Couper le saumon en lanières dans le sens de la longueur.

Mélanger le cottage cheese égoutté avec la cuillère de jus de citron restante, l'oignon et la ciboulette.

Sur chaque galette, étaler un peu de fromage parfumé, disposer les lanières de concombre et de saumon en chiffonnade. Donner un tour de moulin à poivre.

Le marché

1 petit concombre
2 CS de jus de citron
4 tranches fines de saumon fumé (100 g)
100 g de cottage cheese
1 oignon
1 CS de ciboulette ciselée
4 galettes de riz soufflé
Poivre du moulin

Pour 4 personnes | Préparation : 20 mn | Cuisson : 15 mn

Par Personne

3 1/2 **P**

Quiche au Crabe et aux Petits Légumes

Le marché

100 g de farine
1/2 paquet de levure chimique
75 g de fromage blanc à 0 %
300 g de julienne de légume émincé surgelé
2 œufs
3 CS de crème fraîche à 8 %
2 CS de ketchup
100 g de miettes de crabe ou de surimi saveur crabe
Sel, poivre

Préchauffer le four à 200° C (th. 6).

Préparer la pâte à tarte en mélangeant la farine, la levure, le fromage blanc et une pincée de sel. La garder en boule.

Faire blanchir 5 minutes la julienne de légumes à l'eau salée. Bien égoutter.

Battre les œufs avec la crème, le ketchup et le poivre.

Etaler la pâte à la main au fond d'un moule à tarte antiadhésif de 22 centimètres de diamètre.

Disposer les légumes puis le crabe et enfin la préparation aux œufs.

Cuire 15 minutes.

Les Légères

Pour 4 personnes | Préparation : 20 mn | Cuisson : 2 mn

Par Personne

21/2 P

Salade de Chou Blanc aux Châtaignes

Le marché

200 g de chou blanc
200 g de châtaignes au naturel
1 cc de graisse d'oie
1/4 de betterave rouge crue (décoration)

Pour la sauce
1 cc de jus de citron
1/2 yaourt
1 CS de menthe ciselée
Sel, poivre

A l'aide d'un robot, émincer le chou en fines lanières. Délayer le jus de citron, le yaourt bien froid et la menthe. Saler, poivrer.

Mélanger la sauce avec le chou. Dresser sur un plat de service.

Égoutter les châtaignes. Les faire dorer 2 minutes dans la graisse d'oie bien chaude.

Disposer les châtaignes sur le chou.

A l'aide d'un robot, couper la betterave en fins filaments. Décorer la salade de filaments rouges.

Illustrée page 25

Pour 4 personnes

Préparation : 10 mn

Cuisson : 1 mn

Par Personne

0 P

Le marché

1 cc de maïzena
2 CS d'eau
2 oranges
1 pincée de cumin
400 g de betterave rouge
Sel, poivre

Salade de Betterave à l'Orange

Dans une petite casserole, délayer la maïzena avec l'eau. Chauffer une minute, tout en remuant.
Hors du feu, ajouter le jus d'une orange, le sel, le poivre et le cumin.
Couper les betteraves en cubes. Assaisonner avec la sauce et mettre au frais.
Au moment de servir, couper la deuxième orange en tranches fines. Déposer les betteraves au centre du plat de service et orner avec les lamelles d'orange.

Préparation : 30 mn | Cuisson : 25 mn | Pour 4 personnes

Galette Pizza

Par Personne
3 P

Laver, éplucher et râper les pommes de terre. Les mettre dans une passoire, saler et les laisser égoutter 15 minutes.

Eplucher l'oignon, puis l'émincer.

Lorsque les pommes de terre sont égouttées, les poser sur un linge, les presser soigneusement pour sortir le maximum d'eau. Déposer les pommes de terre dans une jatte avec l'oignon et les œufs battus, saler, poivrer et bien mélanger.

Dans une poêle de 26 centimètres de diamètre munie d'une feuille de cuisson, déposer toute la préparation et avec une fourchette, aplatir pour obtenir une galette. Laisser dorer 5 minutes chaque face.

Hors du feu : Déposer la galette avec sa feuille de cuisson dans un moule à tarte de 26 centimètres. Répartir dessus la boîte de tomate, les herbes de Provence, émietter la brousse de brebis et parsemer d'olives émincées.

Arroser avec la cuillère à café d'huile d'olive et passer au gril du four 10 minutes.

Le marché

1 kg de pomme de terre
1 gros oignon
2 œufs
1 boîte de 250 g de tomate pelée en dés
Herbes de Provence
120 g de brousse de brebis à 32 %
4 olives noires émincées
1 cc d'huile d'olive

Pour 4 personnes | Préparation : 10 mn | Cuisson : 4 mn

Les Légères

Par Personne

2 P

Salade Thaï

Le marché

50 g de vermicelle de soja
4 carottes
4 bâtons de surimi (ou 70 g en dés ou râpé)
75 g d'allumette de volaille ou 70 g de jambon de dinde

Pour la sauce
2 CS de nuoc-mâm
1 CS de citron
1 CS d'huile
4 CS d'eau tiède
1 pincée de poivre de Cayenne
1 échalote hachée

Faire bouillir 25 centilitres d'eau dans une casserole. Jeter les vermicelles de soja. Couvrir la casserole, éteindre le feu et attendre 4 minutes. Egoutter. Couper les vermicelles au couteau.
Râper les carottes.
Découper le surimi en rondelles.
Verser les carottes râpées, le surimi, les allumettes de volaille et les vermicelles dans un saladier.
Préparer la sauce avec tous les ingrédients. Verser sur la salade, remuer bien et mettre au frais avant de servir.

Cette salade est très appréciée lors des buffets !

Préparation : 15 mn | Cuisson : 13 mn | Pour 4 personnes

Salade Printanière aux Œufs de Caille

Par Personne

21/2 **P**

Cuire les pommes de terre 10 minutes à la vapeur. Les éplucher et les couper en rondelles.

Cuire les œufs de caille 3 minutes maximum dans l'eau bouillante. Les refroidir sous l'eau froide, les écaler et les couper en deux.

Couper les radis en rondelles. Emincer la ciboule avec une partie du vert. Démêler les germes de soja.

Dans un saladier, mettre la moutarde, le jus de citron et l'huile, fouetter et incorporer le yaourt, sel et poivre.

Verser les pommes de terre et les enrober de sauce.

Dresser les pommes de terre sur un plat. Répartir les germes de soja, les tomates cerises et les œufs de caille.

Parsemer de cerfeuil et mêler le tout avec les doigts.

Le marché

4 pommes de terre primeurs
4 œufs de caille
8 radis
1 ciboule
100 g de germe de soja
4 tomates cerise

Pour la sauce

1 cc de moutarde à l'ancienne
1 CS de jus de citron
1 CS d'huile d'olive
1 yaourt doux à 0%
1 CS de cerfeuil ciselé
Sel, poivre du moulin

Pour 8 personnes | Préparation : 15 mn | Cuisson : 15 mn

Par Personne
3 P

Tarte aux Oignons et aux Raisins

Le marché

8 petits oignons rouges
12 grains de raisin noir
12 grains de raisin blanc
1 CS de vinaigre
1 jus de citron
6 cc de crème fraîche à 8 %
240 g de pâte brisée
Sel, poivre

Préchauffer le four à 230° C (th. 7/8).
Cuire les oignons sur la feuille de cuisson.
Ajouter les grains de raisins lavés. Mélanger, arroser avec le vinaigre et le jus de citron. Faire réduire le jus.
Ajouter la crème. Mélanger et ôter du feu. Saler, poivrer.
Foncer un moule avec la pâte. Piquer à la fourchette.
Etaler le mélange et cuire environ 15 minutes.

Illustrée page 31

Pour 4 personnes | Préparation : 20 mn | Cuisson : 40 mn

Les Légères

Par Personne

21/2 P

Le marché

300 g de pomme de terre (BF 15)
100 g de carotte
100 g de blanc de poireau
10 cl de bouillon de volaille
2 œufs
40 g de gruyère râpé allégé
10 cl de lait écrémé
1 cc d'huile
Sel, poivre du moulin

Tartelettes de Pomme de Terre aux Carottes et Poireaux

Préchauffer le four à 240° C (th. 8).
Peler les pommes de terre, les couper en chips fines avec une mandoline.
Détailler les légumes en fine julienne, les faire suer à feu doux dans le bouillon pendant 4 minutes.
Battre les œufs avec le fromage râpé. Ajouter le lait, sel et poivre. Mélanger et incorporer les légumes.
Recouvrir les moules avec un papier sulfurisé en le faisant déborder, badigeonner l'intérieur d'huile avec un pinceau.
Recouvrir chaque moule d'une couche de chips : les disposer en les chevauchant et en partant du bord supérieur du moule.
Répartir la moitié de la préparation aux légumes, recouvrir de la moitié des rondelles de pommes de terre. Verser le reste de légumes et terminer par les pommes de terre restantes.
Enfourner 40 minutes à mi-hauteur.
Laisser tiédir une dizaine de minutes avant de démouler.
Servir avec des feuilles de salade.

Préparation : 5 mn | Cuisson : 15 mn | Réfrigération : 30 mn | Pour 4 personnes

Salade de Carotte à l'Orientale

Par Personne

1/2 **P**

Faire tremper les raisins dans de l'eau.

Peler les carottes, les couper en rondelles, les cuire 15 minutes à la vapeur.

Préparation de la sauce : mélanger la moutarde, le jus de citron, le safran et le cumin.

Ajouter à cette sauce les carottes encore tièdes afin de bien les imprégner.

Egoutter les raisins.

Découper l'oignon en petits dés. Mélanger avec les carottes et mettre au frais 30 minutes avant de servir.

Le marché

40 g de raisin sec
1 kg de carotte
1 CS de moutarde
1 citron (jus)
1 dose de safran
1 cc de poudre de cumin
1 oignon nouveau
Sel, poivre

Pour 5 personnes | Préparation : 15 mn | Cuisson : 40 mn

Par Personne
3 P

Tarte aux Légumes

Le marché

1 petit poivron
1 courgette
4 gros champignons
1 carotte
1 petit oignon
150 g de petit pois
3 œufs
5 verres de lait écrémé
1 sachet de levure
Sel, poivre

Préchauffer le four à 230° C (th. 7/8).
Laver et couper le poivron, la courgette, les champignons, la carotte et l'oignon en très petits morceaux. Ecosser les petits pois. Mélanger dans un saladier les œufs, le lait et la levure. Saler et poivrer.
Ajouter tous les légumes à la préparation.
Mettre dans un moule antiadhésif et cuire environ 40 minutes.

Illustrée page 35

Pour 4 personnes

Préparation : 10 mn

Par Personne

1/2 **P**

Le marché

1 salade feuille de chêne
250 g de champignon de Paris
1 pamplemousse rose doux
100 g de fromage blanc à 0 %
1 cc de moutarde
Sel, poivre
Facultatif : 200 g de pomme de terre

Salade de Champignon au Pamplemousse

Laver la salade puis couper les feuilles en morceaux. Rincer rapidement les champignons à l'eau et les émincer.

Ouvrir le pamplemousse et prélever la chair à l'aide d'une cuillère. Recueillir le jus de pamplemousse et le verser au fond d'un saladier. Y ajouter le fromage blanc ainsi que la moutarde puis le sel et le poivre. Remuer. Ajouter la salade, les champignons et la chair de pamplemousse. Mélanger et servir frais.

Pour une salade plus consistante, ajouter 200 g de pomme de terre cuites à la vapeur et des crevettes roses (à comptabiliser)

Préparation : 15 mn | Cuisson : 1 mn | Pour 4 personnes

Scarole aux Croûtons Aillés et Crème de Chèvre

Par Personne

21/2 P

Préparer la sauce : porter le lait à ébullition. Hors du feu, ajouter le romarin, couvrir et laisser infuser 3 minutes. Passer au chinois.

Verser le lait parfumé dans une petite casserole, ajouter le fromage de chèvre et fouetter 2 minutes sur feu doux. Saler légèrement et donner un tour de moulin à poivre.

Badigeonner d'huile les tranches de pain, les toaster et les frotter avec la gousse d'ail. Casser en petits morceaux.

Sur un plat de service, étaler les feuilles de scarole, arroser de sauce et décorer de croûtons aillés.

Le marché

2 tranches de pain (100 g)
1 cc d'huile d'olive
1 gousse d'ail
250 g de scarole

Pour la sauce
15 cl de lait 1/2 écrémé
1 branche de romarin
80 g de fromage de chèvre frais
Sel, poivre du moulin

Les Légères

Par Personne

2 P

Salade d'Endive aux Trois Fruits

Couper les feuilles d'endives en grosses lanières.
Peler les kiwis, l'orange et la pomme, les couper en petits cubes.
Détailler la mimolette en copeaux et l'oignon en rondelles.
Verser tous les ingrédients dans un saladier.
Délayer l'huile avec le yaourt, sel et poivre. Verser dans le saladier, saupoudrer de ciboulette et mélanger.

Le marché

4 endives
2 kiwis
1/2 orange
1/2 pomme verte
50 g de mimolette
1 oignon rouge

Pour la sauce
3 CC d'huile d'olive
1/2 yaourt à 0%
1 CS de ciboulette ciselée
Sel, poivre

Illustrée page 39

Pour 4 personnes

Préparation : 20 mn

Cuisson : 15 mn

Les Légères

Salade au Céleri et Deux Pommes

Laver les pommes de terre et les faire cuire à la vapeur pendant 15 minutes.

Egoutter et laisser refroidir. Les peler puis les couper en rondelles.

Laver et effiler le céleri. Le couper en tronçons.

Laver et essuyer les pommes : les couper en dés.

Peler et hacher l'oignon.

Mettre tous ces ingrédients dans un saladier avec le vinaigre : mélanger délicatement, saler et poivrer.

Juste avant de servir, ajouter la mayonnaise allégée et parsemer de ciboulette ciselée.

Le marché

400 g de pomme de terre ferme
3 branches de céleri
2 pommes rouges
1 petit oignon rouge
4 CS de vinaigre
4 CS de mayonnaise allégée
2 CS de ciboulette ciselée
Sel, poivre

Préparation : 10 mn

Pour 4 personnes

Salade d'Orange Epicée

Par Personne

0 P

Peler les oranges à vif (ôter les peaux blanches) et les détailler en quartiers. Les disposer en rosace sur quatre petites assiettes.

Arroser les oranges avec le vinaigre et parsemer d'ail et persil.

Réserver au frais et servir en entrée.

Le marché

4 oranges
4 cc de vinaigre blanc
2 gousses d'ail hachées
persil haché

Pour 4 personnes | Préparation : 20 mn | Cuisson : 3 mn

Par Personne
3 P

Millefeuille de Crudité

Le marché

200 g de carotte
200 g de concombre
200 g de chou rouge
4 feuilles de brick prêtes à l'emploi (16 cm de diamètre)

Pour la sauce
2 CS d'huile de noix
1 1/2 yaourt
1 CS de vinaigre de cidre
1 CS de persil ciselé
1 CS de menthe ciselée
1 CS d'estragon ciselé
Sel, poivre

Préchauffer le four à 220° C (th. 7).
Râper les carottes puis le concombre. Émincer finement le chou rouge.
Délayer l'huile, le yaourt et le vinaigre. Saler et poivrer. Répartir dans trois bols.
Dans le premier, ajouter le persil et les carottes. Dans le second la menthe et le chou et dans le troisième l'estragon et le concombre bien égoutté. Mélanger.
Étaler les feuilles de bricks sur un film de cuisson. Poser une assiette allant au four par dessus. Faire dorer 3 minutes au four.
Sur un plat de service rond, disposer une feuille de brick, étaler la préparation au chou. Poser une seconde feuille de brick et la préparation au concombre. Finir avec une feuille de brick et la préparation au chou. Recouvrir enfin de la dernière feuille.

Illustrée page 43

Pour 4 personnes

Préparation : 15 mn

Les Légères

Salade Fraîcheur aux Germes de Soja

Démêler les germes de soja, rincer et égoutter. Les verser dans un saladier.

Détailler les champignons en lamelles et les radis en rondelles. Hacher l'ail et l'oignon. Les ajouter dans le saladier.

Délayer le vinaigre, la sauce de soja et l'huile, verser sur les crudités et mélanger le tout.

Disposer les feuilles de trévise sur le pourtour d'un plat de service et verser la salade au milieu.

Donner un tour de moulin à poivre, décorer avec la coriandre ciselée.

Le marché

200 g de germe de soja
100 g de champignon de Paris
100 g de radis roses
1 gousse d'ail
1 oignon doux
8 feuilles de trévise (salade rouge)
1 bouquet de coriandre

Pour la sauce
1 cc de vinaigre de cidre
1 cc de sauce de soja
3 CS d'huile d'olive
Poivre du moulin

Les Généreuses

Pour 6 personnes | Préparation : 10 mn | Cuisson : 25 mn

Par Personne
4 P

Tarte Orientale aux Légumes Grillés

Préchauffer le four à 200° C (th. 6).
Décongeler les légumes dans une poêle recouverte d'une feuille de cuisson, en les retournant de temps en temps. Faire bouillir la merguez 5 minutes.
Etirer la pâte au rouleau afin qu'elle couvre un plat à tarte de 26 centimètres.
Disposer les légumes sur le fond de tarte. Répartir dessus la merguez en rondelles et la feta en lamelles. Parsemer d'ail coupé, de basilic haché, de sel et de poivre.
Enfourner 15 minutes.

Le marché

500 g de légumes grillés surgelés (aubergine, poivron, courgette)
1 merguez de volaille (30g)
1 pâte à pizza fine (280 g)
30 g de feta
1 gousse d'ail
1 bouquet de basilic
Sel, poivre

Préparation : 15 mn | Cuisson : 40 mn | Pour 4 personnes

Quiche aux Champignons

Par Personne

3 1/2 P

Préchauffer le four à 180° C (th. 5).
Faire revenir l'oignon émincé dans une poêle avec l'huile. Ajouter les pommes de terre coupées en rondelles et les champignons égouttés, faire rissoler 10 minutes. Mettre le tout dans un plat à gratin.
Verser la béchamel dans une casserole, ajouter le fromage, la noix de muscade et le lait. Saler, poivrer, faire chauffer doucement.
Battre les œufs, et verser la béchamel chaude dessus. Napper le plat de cette sauce.
Faire cuire 30 minutes au four.
Saupoudrer de ciboulette à la sortie du four.

Le marché

1 oignon
1 cc d'huile
8 petites pommes de terre cuites
1 grosse boîte de champignons entiers
20 cl de sauce béchamel
4 portions de fromage fondu allégé
1 pincée de noix de muscade
20 cl de lait écrémé
2 œufs
1 CS de ciboulette
Sel, poivre

Pour 4 personnes | Préparation : 15 mn | Cuisson : 20 mn

Les Généreuses

Par Personne

51/2 **P**

Salade du Terroir

Cuire les pommes de terre à la vapeur pendant 10 minutes. Les éplucher et les couper en quatre.

Dans une poêle antiadhésive bien chaude, saisir les girolles 4 à 5 minutes tout en remuant pour qu'elles rendent leur eau. Egoutter.

Essuyer la poêle, verser la margarine et faire saisir à nouveau les girolles avec l'échalote émincée pendant 5 minutes. Saler et poivrer.

Détailler le magret en lanières.

Dans un saladier, mélanger l'huile, le yaourt et le vinaigre. Ajouter les pommes de terre et remuer.

Les dresser sur un plat de service. Répartir le magret et les girolles, donner un tour de moulin à poivre. Servir tiède.

Le marché

500 g de pomme de terre à chair ferme (type Charlotte)
100 g de girolle
1 CS de margarine à 60%
1 échalote
100 g de magret de canard fumé
2 CS d'huile de noix
1/2 yaourt doux à 0%
1 CS de vinaigre balsamique
Sel, poivre du moulin

Préparation : 25 mn

Cuisson : 40 mn

Pour 6 personnes

Clafoutis aux Poireaux et Jambon

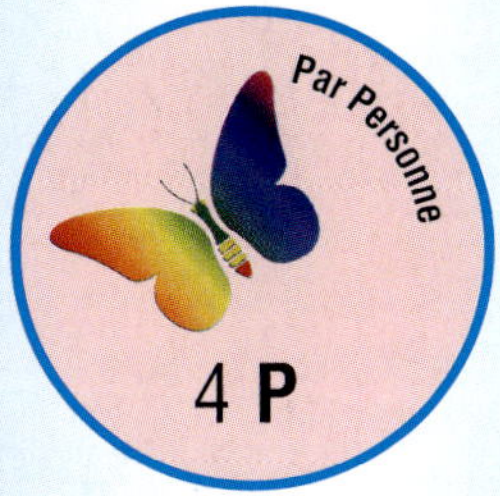

Laver les poireaux, leur laisser 10 centimètres de vert. Les couper en rondelles de 2 centimètres et les faire cuire 10 minutes dans 1 litre d'eau salée.

Fouetter les œufs et la farine dans un saladier. Dès que le mélange est lisse, ajouter le lait, le sel et le poivre. Verser la préparation dans un moule à manqué (à bords hauts) de 26 centimètres de diamètre. Eparpiller le lard et le jambon coupé en petits morceaux ainsi que les poireaux égouttés.

Cuire 30 minutes au four à 180° C (th. 5), puis monter la température à 240° C (th. 8) et laisser dorer 10 minutes.

Parsemer de persil avant de servir. Déguster chaud.

Le marché

2 poireaux
4 œufs
120 g de farine
40 cl de lait écrémé
45 g de lard nature dégraissé
120 g de jambon blanc dégraissé
Persil
Sel, poivre

Pour 4 personnes | Préparation : 30 mn | Cuisson : 55 mn

Par Personne

31/2 **P**

Le marché

4 pommes de terre moyennes
2 petites courgettes
ou 1 moyenne
1 œuf
2 cc de maïzena
1 cc de chapelure
1 gros oignon doux
2 cc de margarine à 60%
4 CS de crème fraîche à 8 %
8 tranches de bacon bien dégraissé
40 g de parmesan râpé
Sel, poivre

Tarte Râpée

Préchauffer le four à 220° C (th. 7).
Débarrasser les pommes de terre de leur peau et laver les courgettes. A l'aide d'une râpe (grosse grille), râper les courgettes et les pommes de terre. Les ébouillanter 3 minutes dans l'eau salée. Les égoutter une première fois puis les rincer à l'eau tiède. Les égoutter de nouveau en pressant bien pour enlever le maximum d'eau.
Dans un saladier, mélanger les légumes râpés avec l'œuf et la maïzena.
Mettre une feuille de cuisson four dans un moule à tarte de 26 centimètres de diamètre.
Répartir la préparation sur la feuille en aplatissant bien le mélange dans le moule pour lui donner sa forme. Saupoudrer de chapelure. Mettre 15 minutes au four.
Pendant ce temps faire revenir à feu doux l'oignon coupé en fines lamelles dans la matière grasse.
Sortir le fond de tarte du four. Etaler la crème fraîche, puis répartir l'oignon et le bacon. Terminer par le parmesan. Cuire 40 minutes.

Illustrée page 51

Pour 6 personnes

Préparation : 20 mn

Cuisson : 18 mn

Par Personne

41/2 P

Le marché

500 g de feuille de bette
180 g de pâte feuilletée
2 échalotes
1 gousse d'ail
4 CS de persil
3 douzaines d'escargots
15 g de poudre d'amande
15 cl de crème fraîche à 8 %
Muscade
Sel, poivre

Quiche aux Escargots

Ebouillanter 3 minutes les feuilles de bettes. Les égoutter, les presser dans un torchon, les hacher finement. Préchauffer le four à 200° C (th. 6). Garnir un moule avec la pâte, couvrir avec la feuille de cuisson. Couvrir avec des légumes secs et cuire 10 minutes. Faire revenir les échalotes, l'ail haché et le persil sur une feuille de cuisson. Ajouter les escargots et la poudre d'amande. Remuer 2 minutes. Répartir les escargots et les bettes sur la pâte cuite. Chauffer la crème avec sel, poivre et muscade. Verser sur la quiche et remettre 8 minutes au four.

Tartelettes aux Pommes et au Boudin Antillais

Par Personne

4 P

Préchauffer le four à 180° C (th. 5).
Disposer deux feuilles de brick l'une sur l'autre dans quatre moules individuels. Egaliser les bords avec des ciseaux en laissant dépasser légèrement les feuilles.
Peler les pommes. Couper chacune en huit quartiers. Les faire revenir dans la margarine 2 à 3 minutes. Poivrer et muscader.
Piquer les boudins avec une épingle pour éviter qu'ils éclatent.
Disposer les quartiers de pommes en quinconce dans les moules. Glisser un boudin entier ou coupé en trois.
Enfourner 6 minutes.
Attendre 5 minutes avant de démouler.

Le marché

8 feuilles de brick de 16 cm prêtes à l'emploi
4 pommes acidulées (Elstar)
1 CS de margarine à 60%
1 pincée de muscade
4 petits boudins antillais de 50 g
Poivre

Pour 6 personnes

Préparation : 20 mn

Cuisson : 45 mn

Les Généreuses

Par Personne

51/2 **P**

Tarte aux Courgettes et aux Asperges

Le marché

4 cc de farine
200 g de pâte à pain
1/2 botte de cresson
120 g de crème fraîche à 8 %
80 g de parmesan râpé
3 œufs
500 g de courgette
500 g d'asperge
1 brin de thym frais
Sel, poivre

Préchauffer le four à 180° C (th. 5).

Garnir un moule à manqué avec une feuille de cuisson. Fariner le plan de travail, abaisser la pâte et la disposer dans le moule. La piquer puis la recouvrir avec une feuille de papier d'aluminium. Cuire 12 minutes.

Se débarrasser des tiges du cresson. Laver et essorer les feuilles et les mettre dans un robot, ajouter la crème fraîche et le parmesan et jeter les œufs. Saler et poivrer légèrement. Mixer pour que le mélange devienne homogène.

Laver et sécher les courgettes. Les couper en rondelles épaisses.

Rincer et sécher les asperges. Les débarrasser du morceau de tige dure et tailler le reste en tronçons de 3 à 4 centimètres.

Dans une poêle garnie d'une feuille de cuisson, faire revenir les courgettes et les asperges avec le thym effeuillé pendant 6 à 7 minutes.

Sortir le fond de tarte du four, retirer le papier aluminium et laisser tiédir.

Verser les courgettes et asperges poêlées puis ajouter la préparation au cresson.

Cuire au four 35 minutes environ.

Vérifier la cuisson avec la pointe du couteau qui doit ressortir sèche.

Tarte aux Artichauts

Par Personne

4 P

Préchauffer le four à 230° C (th. 7/8).
Rincer et égoutter les cœurs d'artichauts.
Mélanger la farine, le lait, l'œuf, la crème et le parmesan. Saler, poivrer, ajouter le hachis d'ail et de persil.
Garnir un moule à tarte avec la pâte brisée.
Verser la préparation sur le fond de pâte. Disposer les cœurs d'artichauts.
Cuire au four environ 30 minutes.

Le marché

1 boîte de cœur d'artichaut (230 g)
1 CS de farine
1 verre de lait écrémé
1 œuf
1 CS de crème fraîche à 8 %
60 g de parmesan
1 CS d'ail haché
1 CS de persil haché
240 g de pâte brisée
Sel, poivre

Pour 6 personnes | Préparation : 20 mn | Cuisson : 20 mn

Quiche de Polenta

Le marché

6 tomates
1 gousse d'ail
2 cc de beurre à 41%
180 g de polenta express
120 g de mozzarella
15 cl de crème fraîche à 8 %
20 cl de lait écrémé
12 olives dénoyautées
Basilic

Laver les tomates, les couper en deux, les retourner sur du papier absorbant. Eplucher l'ail.
Faire fondre le beurre dans une casserole, y ajouter l'ail puis la polenta en pluie. Remuer bien, laisser cuire 5 minutes à feu très doux sans cesser de remuer.
Hacher 50 g de mozzarella, détailler le reste en rondelles.
Faire chauffer la crème et le lait. Verser petit à petit sur la polenta en remuant. Ajouter les olives en bâtonnets, le basilic et la mozzarella hachée.
Dans une poêle garnie d'une feuille de cuisson, faire cuire les demi-tomates de chaque côté, d'abord côté pulpe puis les retourner. Disposer les tomates sur la polenta, et garnir d'une rondelle de mozzarella.
Au moment de servir, passer sous le gril du four.

Conseil : peut se préparer à l'avance. Il suffira de faire dorer avant de servir.

Illustrée page 57

Pour 4 personnes | Préparation : 10 mn | Cuisson : 25 mn

Par Personne
5 P

Clafoutis de Tomate Cerise à la Mozzarella

Préchauffer le four à 180° C (th. 5).
Chemiser quatre petits moules à tartelette. Répartir les tomates cerises.
Battre les œufs avec la maïzena et les petits suisses. Diluer avec le lait. Saler et poivrer.
Verser la préparation dans les moules. Ajouter une bille de mozarella au centre.
Mettre au four pour 15 minutes : les clafoutis doivent être bien cuits.
Servir chaud, tiède ou froid.

Le marché

24 tomates cerises
4 billes de mozzarella
4 œufs
4 CS de maïzena
2 petits suisses à 20 %
20 cl de lait écrémé
Sel, poivre

Préparation : 10 mn | Cuisson : 8 mn | Pour 4 personnes

Salade de Farfalle à la Mâche et au Bleu

Couper le fromage en petits dés.

Faire cuire les pâtes 8 minutes dans de l'eau bouillante salée. Égoutter et laisser refroidir.

Délayer l'huile avec le yaourt. Ajouter le jus de citron, la ciboulette, sel et poivre.

Verser la sauce sur les pâtes. Incorporer les bouquets de mâche et mêler le tout.

Dresser sur un plat de service. Décorer avec les dés de bleu.

Par Personne

4 P

Le marché

60 g de bleu
150 g de farfalles sèches (300 g cuites)
150 g de mâche

Pour la sauce
1 CS d'huile de noix
1/2 yaourt à 0%
1 cc de jus de citron
1 CS de ciboulette hachée
Sel, poivre

Pour 4 personnes | Préparation : 10 mn | Cuisson : 15 mn

Par Personne
4 P

Petites Quiches aux Herbes

Préchauffer le four à 180° C (th. 5).
Battre les œufs en omelette. Incorporer tout doucement la fécule de maïs.
Ajouter peu à peu le lait. Saler et poivrer.
Verser les herbes dans un saladier et les fouetter avec le mélange lait et œufs.
Margariner et fariner quatre moules à tartelettes de 8 centimètres de diamètre. Répartir la préparation aux herbes.
Enfourner 20 minutes.

Le marché

3 œufs
3 CS de fécule de maïs
20 cl de lait écrémé
4 CS de coriandre ciselée (ou cerfeuil)
2 CS d'estragon ciselé
2 CS de ciboulette ciselée
4 cc de margarine
4 cc de farine
Sel, poivre

Préparation : 20 mn | Cuisson : 15 mn | Repos : 30 mn | Pour 4 personnes

Les Généreuses

Tarte - Salade

Utiliser la recette de Pâte Brisée Weight Watchers p. 5

Par Personne

6 P

Préchauffer le four à 210° C (th. 6/7).
Garnir un moule à tarte (recouvert de papier sulfurisé) avec la pâte, piquer le fond avec une fourchette et couvrir d'une feuille de cuisson pour éviter qu'elle ne se soulève. Enfourner et faire cuire à blanc pendant 15 minutes. Sortir du four et laisser refroidir.
Nettoyer la salade et la couper en lanières.
Dans un bol, préparer la vinaigrette en mélangeant le vinaigre, l'huile, le sel et le poivre.
Détailler le jambon en lanières. Eplucher et couper l'avocat en lamelles.
Au moment de servir, mélanger la salade et la sauce. Garnir le fond de pâte avec la salade, puis l'avocat et le jambon. Parsemer de tomates cerises et de gruyère râpé et servir.

Le marché

220 g de pâte brisée Weight Watchers
1 petite salade verte
4 tranches fines de jambon cru de 20 g
1/2 avocat petit
10 tomates cerises
4 cc de gruyère râpé

Pour la sauce
2 CS de vinaigre balsamique
2 cc d'huile d'olive
Sel, poivre

Pour 4 personnes | Préparation : 15 mn | Cuisson : 20 mn

Par Personne

7 P

Le marché

4 tomates
4 tranches de bacon
200 g de pâte à pizza fine prête à l'emploi
4 cc d'huile
4 œufs
4 pincées de paprika
Quelques feuilles de laitue
Thym
Sel, poivre.

Faluches Campagnardes

Couper les tomates en rondelles, les saler et les laisser s'égoutter.
Détailler le bacon en lanières.
Préchauffer le four à 180° C (th. 5).
Diviser la pâte en quatre parts. Les étaler en cercle de 14 à 16 centimètres de diamètre. Pincer le bord pour former un rebord.
Déposer les fonds de pâte sur des feuilles de cuisson. Les précuire 10 minutes au four en disposant un papier aluminium et un plat de diamètre inférieur par dessus pour qu'ils restent bien plats.
Garnir avec des rondelles de tomate et des lanières de bacon en laissant un creux au milieu. Arroser chaque faluche d'une cuillère d'huile. Saler et saupoudrer de thym. Casser un œuf au centre. Enfourner 10 minutes.
Poivrer et saupoudrer de paprika.
Servir chaque faluche sur un lit de laitue coupée en lanières.

Illustrée page 63

Les Généreuses

Tourtelle au Chèvre

Le marché

10 cl de lait écrémé
1 sachet de levure du boulanger
160 g de farine
1 œuf
250 g de champignon de Paris
4 Chavroux Ligne et Plaisir
20 g de tapenade aux olives vertes
Sel

Prélever 2 cuillères à soupe de lait. Les tiédir et délayer la levure avec.
Dans une terrine, mélanger la farine, le lait, la levure, le sel et l'œuf.
Disposer la pâte dans un moule de 22 centimètres de diamètre. Couvrir avec un torchon et laisser lever pendant une heure. Préchauffer le four à 180° C (th. 5).
Laver rapidement les champignons puis les émincer et les faire revenir dans une poêle recouverte d'une feuille de cuisson. Disposer les champignons sur la pâte levée.
Mélanger à la fourchette les Chavroux légers et la tapenade. Répartir sur les champignons.
Passer au four 15 minutes.

Préparation : 20 mn | Cuisson : 40 mn | Pour 4 personnes

Flan aux Blettes et aux Pruneaux

Par Personne

5 P

Préchauffer le four à 180° C (th. 5).
Faire blanchir les blettes dans de l'eau bouillante salée puis les égoutter et les hacher finement ainsi que le bacon, l'oignon et le persil.
Dans un saladier, mélanger le lait, la crème, les œufs puis saler et poivrer.
Répartir dans un moule les ingrédients hachés et ajouter ensuite le mélange lait, crème fraîche et œufs.
Disposer les pruneaux dans la tarte et enfourner 30 minutes à 180° C.

Le marché

1 kg de blette
80 g de bacon
1 oignon
1 CS de persil
50 cl de lait écrémé
20 cl de crème fraîche à 8 %
3 œufs
12 pruneaux dénoyautés
Sel, poivre

Pour 4 personnes

Préparation : 15 mn

Cuisson : 20 mn

Les Généreuses

Par Personne

6 1/2 **P**

Tourte aux Epinards et à la Feta

Le marché

200 g de pâte à pizza préemballée
200 g d'épinards en branches
2 œufs
3 petits suisses à 0%
80 g de feta au naturel
Sel, poivre

Préchauffer le four à 220° C (th. 7).
Chemiser une tourtière de 20 centimètres de diamètre avec une feuille de cuisson. Foncer avec la pâte. Disposer un papier aluminium et un plat de diamètre inférieur. Précuire 10 minutes.
Cuire les épinards 10 minutes au four à micro-ondes, avec un peu d'eau. Égoutter.
Battre les œufs avec les petits-suisses. Incorporer la feta écrasée. Saler, poivrer.
Mélanger les deux préparations. Verser dans la tourtière.
Enfourner 10 minutes.

Préparation : 15 mn | Cuisson : 25 mn | Pour 4 personnes

Quiche sans Pâte

Par Personne

6 1/2 P

Préchauffer le four à 180° C (th. 5).
Verser la farine en puits dans un saladier. Ajouter les œufs battus en omelette, les petits-suisses, la crème. Délayer avec le lait. Saler, poivrer et ajouter la muscade. Incorporer les dés de jambon et le fromage râpé.
Margariner et fariner un moule à quiche en porcelaine de 21 centimètres de diamètre. Répartir la préparation. Enfourner 25 minutes.

Le marché

100 g de farine
3 œufs
2 petits suisses à 0 %
4 CS de crème fraîche à 8 %
15 cl de lait écrémé
1 pincée de muscade
150 g de dés de jambon blanc dégraissé
60 g de gruyère râpé allégé
1 CS de margarine à 60%
Sel, poivre

Pour 4 personnes | Préparation : 30 mn | Cuisson : 35 mn

Quiche en Feuilles de Chou

Préchauffer le four à 220° C (th. 7).
Détacher 5 à 6 feuilles de chou en évitant de prendre les feuilles trop vertes de l'extérieur du chou.
Les blanchir à l'eau bouillante salée pendant 3 minutes puis rafraîchir à l'eau froide. Bien les sécher et enlever la partie épaisse de la côte sans abîmer les feuilles.
Déposer une feuille de cuisson dans un moule à tarte de 28 centimètres de diamètre. Tapisser le fond avec les feuilles de chou en les laissant dépasser du bord et en les superposant.
Faire dorer les champignons sur une feuille de cuisson et les répartir sur le fond de la tarte avec le jambon blanc et le jambon fumé coupés fin.
Mélanger dans un bol, le gruyère râpé, les œufs, le lait, la crème et la farine puis saler, poivrer. Verser ce mélange sur la tarte.
Rabattre les feuilles de chou pour refermer la quiche puis enfourner 35 minutes.
Déguster chaud.

Astuce : En cours de cuisson, recouvrir le bord des feuilles de chou de papier aluminium pour éviter qu'elles ne brûlent.

Le marché

5 à 6 belles feuilles de chou vert
100 g champignon
80 g de jambon blanc dégraissé
80 g de jambon fumé
60 g gruyère râpé allégé
3 œufs
40 cl de lait écrémé
8 cc crème fraîche à 8%
3 CS de farine
Sel, poivre

Les Sauces pour Salades

Par Personne

1/2 **P**

pour 4 personnes

préparation : 5 mn

Sauce au concombre

Le marché :

4 CS de concombre râpé
1 yaourt doux à 0%
1 cc de jus de citron
1 CS de ciboulette ciselée
Sel, poivre du moulin

Saler le concombre râpé, laisser égoutter pour qu'il rende toute son eau. Mélanger le yaourt avec le jus de citron et la ciboulette. Donner un tour de moulin à poivre.

Couvrir et réserver au frais avant de servir.

Par Personne

1/2 **P**

pour 4 personnes

préparation : 3 mn

Sauce aux câpres

Le marché :

1 yaourt doux à 0%
1 CS de jus de citron
2 CS de câpre haché
1 CS de persil ciselé
Sel, poivre du moulin

Mélanger tous les ingrédients ensemble. Saler et poivrer.

Sauce rosée

Par Personne

1 P

pour 4 personnes

préparation : 5 mn

Le marché : **1 1/2 poivron mixé**
100 g de fromage blanc à 0%
10 cl de crème fraîche à 8 %
Sel, poivre
Quelques gouttes de Tabasco

Mixer le poivron et l'incorporer au fromage blanc. Introduire la crème légère. Saler, poivrer et assaisonner de quelques gouttes de Tabasco selon votre goût.

Idéale pour relever les salades ou pour accompagner tout simplement un plateau de crudités variées.

Sauce salade au lait de soja

Par Personne

1/2 P

pour 75 cl de sauce

préparation : 5 mn

Le marché : **2 cc de sel fin**
1 CS bombée de basilic séché ou autres aromates
1 CS bombée de moutarde
1 CS bombée de moutarde douce
10 cl de vinaigre
10 cl d'huile
40 cl de lait de soja

Verser tous les ingrédients (dans l'ordre) dans une bouteille d'un litre, secouer vivement. C'est prêt.

Agiter avant chaque utilisation.

Vous pouvez préparer cette sauce à l'avance, elle se conserve 3 semaines au froid.

Par Personne

1 P

pour 4 personnes

préparation : 5 mn

Sauce provençale

Le marché :

1 CS de basilic
1 CS de ciboulette
1 CS de persil
1 gousse d'ail
100 g de fromage blanc à 0%
10 cl de crème légère à 8 %
1 cc d'huile d'olive
Sel, poivre

Mixer le basilic, la ciboulette et le persil. Emincer la gousse d'ail. Les incorporer au fromage blanc. Ajouter à ce mélange la crème légère, l'huile d'olive, le sel et le poivre. Mélanger bien.

Par Personne

2 P

pour 4 personnes

préparation : 5 mn

Sauce marine

Le marché :

4 CS d'œufs de saumon
1 Yaourt doux à 0%
1 CS crème à 8%
1 cc de jus de citron
1 cc d'aneth ciselé
Sel, poivre du moulin

Mixer 3 cuillères d'œufs de saumon avec le yaourt, la crème et le jus de citron. Saler légèrement et poivrer.

Incorporer l'aneth et la cuillère d'œufs restante. Mélanger.

Couvrir et réserver au frais avant de servir.

Les Douceurs

Pour 16 tartines | Préparation : 10 mn | Repos : 1h30 mn

Par Tartine

1 P

Le marché

50 g de chocolat noir
30 g de crème fraîche à 15 %
8 galettes de riz soufflé (5 g chacune)
50 g de chocolat blanc
30 g de crème fraîche à 15 %

Pile ou Face

Faire fondre, dans un bol au four à micro-ondes pendant 30 secondes, le chocolat noir et la crème, bien mélanger.

Couper chaque galette en deux.

Disposer les tartines côte à côte sur une feuille de cuisson et étendre le chocolat chaud. Réserver au frais 30 minutes.

Retourner les tartines une fois que le chocolat a bien pris.

Répéter l'opération avec le chocolat blanc.

Remettre au frais 1 heure.

Disposer les tartines sur un plat en prenant soin d'intercaler un côté noir, un côté blanc, etc...

Conseil : Mettre des grandes brochettes en bois entre les tartines et la feuille de cuisson pour éviter que le chocolat ne colle.

Dessert croquant si vous le dégustez immédiatement, et doux si vous le mangez le lendemain.

Illustrée page 75

Pour 4 personnes | Préparation : 30 mn | Cuisson : 40 mn

Par Personne

5 P

Le marché

120 g de pâte feuilletée
2 boîtes de tomates pelées
1 CS d'huile
80 g de sucre en poudre
1 CS de vinaigre d'alcool
1 CS d'eau
1 branche de menthe
Facultatif : 50 cl de sorbet au cacao

Tarte aux Tomates Caramélisées

Abaisser la pâte feuilletée en un disque de 22 centimètres environ. La déposer sur la plaque du four recouverte d'une feuille de cuisson et faire une encoche circulaire à 1 centimètre du bord avec un couteau. Piquer l'intérieur du disque à la fourchette. Enfourner 15 minutes environ.

Au bout de ce temps de cuisson, réserver hors du feu.

Baisser la température du four à 180° C (th. 5).

Egoutter les tomates, ôter leur pédoncule puis retirer leurs pépins. Les disposer sur une plaque antiadhésive ou sur la plaque du four huilée. Parsemer de 30 grammes de sucre. Enfourner 25 minutes.

Laisser tiédir les tomates après cuisson.

Dans une casserole, verser le sucre restant avec 1 cuillère à soupe d'eau. Porter à ébullition puis retirer du feu. Disposer harmonieusement les tomates tièdes sur le fond de tarte. A l'aide d'un pinceau, badigeonner les tomates de caramel.

Servir la tarte parsemée de menthe ciselée.

Facultatif : ajouter une quenelle de sorbet au cacao. Dans ce cas compter 21/2 points en plus.

Préparation : 15 mn | Cuisson : 10 mn | Repos : 1 h | Pour 6 personnes

Tarte Briochée à l'Orange

Par Personne

21/2 **P**

Préchauffer le four à 200° C (th. 6).
Ecraser les tranches de pain de mie avec un rouleau à pâtisserie, les couper en deux dans le sens de la diagonale puis les installer en éventail dans un moule à tarte de 22 centimètres sur une feuille de cuisson (les bords doivent former des pointes, le fond est bien recouvert). Disposer une feuille de papier d'aluminium sur ce fond de pâte et mettre au four 10 minutes.
Faire ramollir la gélatine dans de l'eau froide. Pendant ce temps, chauffer 10 centilitres de jus d'orange. Eponger la gélatine puis l'incorporer au jus d'orange chaud. Bien délayer et ajouter le reste du jus d'orange, mettre en attente.
Sortir la tarte du four, la laisser refroidir.
Dès que le jus d'orange commence à prendre, le verser sur la tarte.
Mettre au frais pour terminer la prise.
Démouler avant de servir.

Le marché

6 tranches de pain de mie à l'orange de forme carrée
5 feuilles de gélatine
40 cl de jus d'orange

Pour 4 personnes | Préparation : 15 mn | Cuisson : 15 mn

Par Personne
2 P

Tarte Poires-Myrtilles

Le marché

Pâte
40 g de farine
40 g de maïzena
1 cc de levure
2 petits suisses à 0 %
Sel

Garniture
2 poires (300 g)
4 biscuits à la cuillère
200 g de myrtille surgelée
1 CS d'édulcorant

Préchauffer le four à 200° C (th. 6).
Mélanger farine, maïzena, levure et sel. Ajouter les petits-suisses. Pétrir à la main jusqu'à obtention d'une pâte souple. Laisser reposer.
Eplucher les poires. Les couper en lamelles.
Etaler la pâte à la main dans un moule à tarte de 22 centimètres. Saupoudrer le fond avec les biscuits émiettés puis disposer les poires en " soleil ". Entre chaque rayon, mettre les myrtilles. Saupoudrer les fruits d'édulcorant et passer au four 15 minutes.
Servir tiède ou froid.

Illustrée page 79

Pour 6 personnes | Préparation : 15 mn | Cuisson : 40 mn

Par Personne

2 P

Gâteau Pommes-Poires

Préchauffer le four à 200° C (th. 6).
Peler et couper les fruits, les réserver.
Casser les œufs en séparant les blancs des jaunes. Mélanger le yaourt, les jaunes d'œufs, le lait concentré, le sucaflore et la farine.
Monter les blancs d'œufs en neige, les incorporer à la préparation précédente puis introduire délicatement les fruits.
Verser ce mélange dans un moule antiadhésif de 26 centimètres. Enfourner 40 à 45 minutes environ.

A déguster tiède ou froid accompagné d'un coulis de framboises.
Astuce : possibilité d'intégrer un sachet de flan non sucré aux amandes.

Le marché

400 g de pomme
400 g de poire
1 yaourt à 0 %
2 œufs
4 CS de lait demi-écrémé concentré non sucré (45 g)
1 cc d'édulcorant de cuisson sucaflore
100 g de farine

Préparation : 10 mn | Cuisson : 20 mn | Repos : 3 h | Pour 4 personnes

Tarte aux Pommes Sans Pâte

Préchauffer le four à 200° C (th. 6).
Tapisser un moule à manqué de 20 centimètres de diamètre avec un papier sulfurisé double épaisseur.
Faire fondre la margarine et badigeonner l'intérieur du moule.
Peler les pommes, les couper en gros quartiers. Les ranger dans le moule en les serrant bien.
Saupoudrer de sucre vanillé et de cannelle. Enfourner 20 minutes : les pommes ne doivent pas se défaire.
Laisser refroidir.
Tiédir le jus de pomme. Délayer la gélatine.
Verser le liquide sur les pommes. Laisser prendre 3 heures au réfrigérateur.
Démouler sur un plat de service et enlever le papier sulfurisé avec délicatesse.

On peut remplacer le jus de pomme par du jus de poire.

Le papier sulfurisé peut être remplacé par une feuille de cuisson. Dans ce cas supprimez la margarine.

Par Personne

1 P

Le marché

3 cc de margarine à 60 %
5 pommes reinettes
1 sachet de sucre vanillé
1 pincée de cannelle
15 cl de jus de pomme
1 CS de gélatine en poudre

Minestrone au Yaourt de Brebis

Peler tous les fruits. Les détailler en petits dés et les répartir dans une coupe.

Délayer l'édulcorant avec le yaourt bien froid. Verser sur les fruits, ajouter la menthe ciselée et mélanger délicatement.

Servir frais.

Illustrée page 82

Le marché

4 kiwis
2 pommes vertes
1 poire
1 pamplemousse rose
1 orange
1 banane
2 CS d'édulcorant
1 yaourt de brebis
4 feuilles de menthe ou 1 CS de menthe surgelée

Pour 4 personnes | Préparation : 15 mn | Cuisson : 8 mn

Par Personne

4 1/2 P

Corolles Croustillantes aux Mirabelles

Le marché

3 feuilles de brick enroulées prêtes à l'emploi de 28 cm
Haricots secs pour la cuisson à blanc
4 cc de miel de lavande
300 g de brousse à 32%
300 g de mirabelles de Lorraine surgelées

Préchauffer le four à 220° C (th. 7).
Étaler les feuilles de brick. Couper quatre triangles dans chaque feuille.
Tapisser les moules d'une feuille de cuisson. Disposer trois triangles dans chaque moule de façon à former une corolle. Égaliser les bords de façon harmonieuse. Garnir de haricots secs.
Faire cuire 8 minutes puis laisser tiédir : les corolles doivent être dorées et croustillantes.
Chauffer le miel 30 secondes au four à micro-ondes pour le liquéfier. L'incorporer à la brousse.
Pocher les mirabelles 2 minutes dans un peu d'eau bouillante.
Remplir chaque tartelette de brousse au miel. Recouvrir de mirabelles.

Illustrée page 85

Pour 4 personnes | Préparation : 15 mn | Cuisson : 2h30 mn

Par Personne

3 1/2 P

Tartelettes Meringuées au Citron

Le marché

Fonds en meringue
1 CS de fécule
8 CS d'édulcorant
5 blancs d'œufs
1 cc de vinaigre de cidre
1 cc de margarine

Crème au citron
240 g de ricotta
4 CS de marmelade de citron

Chips
2 citrons

Préchauffer le four à 125° C (th. 3).

Préparer les fonds en meringue : mélanger 5 cuillères d'édulcorant à la fécule. Réserver.

Monter les blancs en neige avec 3 cuillères à soupe d'édulcorant. Puis en continuant de fouetter, ajouter le reste d'édulcorant mélangé à la fécule. Verser le vinaigre de cidre et fouetter jusqu'à ce que la meringue devienne brillante et accroche au fouet.

Découper quatre disques de 14 centimètres dans une feuille de cuisson. Étaler quatre cercles de meringue de 12 centimètres de diamètre. À l'aide d'une cuillère à café, former un petit rebord. Enfourner 1 heure 15 minutes.

A la sortie du four, déposer les meringues sur une grille et laisser refroidir. Baisser le four à 100° C (th. 2).

Prélever 12 tranches de 1 millimètre d'épaisseur dans les citrons. Enfourner sur une feuille de cuisson pendant 1 heure.

Préparer la crème au citron : mélanger grossièrement la ricotta et la marmelade de citron.

Répartir la préparation sur les fonds en meringue. Mettre au frais.

Au moment de servir, décorer avec les chips de citron.

Les Index

Index par point

		point
Salade de betterave à l'orange	26	0
Salade d'orange épicée	41	0
Salade de carotte à l'orientale	33	1/2
Salade de champignon	36	1/2
Sauce au concombre	70	1/2
Sauce aux câpres	70	1/2
Sauce salade au lait de soja	71	1/2
Minestrone au yaourt de brebis	83	1
Pile ou face	74	1
Sauce provençale	72	1
Sauce rosée	71	1
Tarte aux pommes sans pâte	81	1
Frisée aux moules	17	1 1/2
Galettes au fromage frais et surimi	12	2
Galettes au saumon et concombre	21	2
Gâteau pommes poires	80	2
Salade d'asperge verte au melon	20	2
Salade d'endive aux trois fruits	38	2
Salade Thaï	28	2
Sauce marine	72	2
Tarte poires myrtilles	78	2
Pâte pour tarte sucrée ou salée	5	2 1/2
Salade de chou blanc	24	2 1/2
Salade fraîcheur	44	2 1/2
Salade printanière	29	2 1/2
Scarole aux croûtons aillés	37	2 1/2
Tarte briochée à l'orange	77	2 1/2
Tartelettes de pomme de terre	32	2 1/2
Galette pizza	27	3
Millefeuille de crudité	42	3
Pâte brisée	5	3
Salade au céleri et deux pommes	40	3
Tarte aux légumes	34	3

Recette	Page	point
Tarte aux oignons et aux raisins	30	3
Quiche au crabe	22	3 1/2
Quiche aux champignons	47	3 1/2
Tarte râpée	50	3 1/2
Tartelettes meringuées au citron	86	3 1/2
Clafoutis aux poireaux et jambon	49	4
Petites quiches aux herbes	60	4
Salade de farfalle	59	4
Tarte aux artichauts	55	4
Tarte orientale aux légumes grillés	46	4
Tartelettes aux pommes et boudin	53	4
Tourtelle au chèvre	64	4
Corolles croustillantes	84	4 1/2
Langoustine en salade de pomme	10	4 1/2
Pittas façon pizza	8	4 1/2
Quiche aux escargots	52	4 1/2
Tarte méditerranéenne	9	4 1/2
Clafoutis de tomate cerise	58	5
Flan aux blettes et aux pruneaux	65	5
Pizza croustillante au thon frais	14	5
Quiche de polenta	56	5
Tarte aux tomates caramélisées	76	5
Tartelettes aux poireaux	16	5
Salade de truite fumée	13	5 1/2
Salade du terroir	48	5 1/2
Tarte au saumon et au fenouil	18	5 1/2
Tarte aux courgettes et asperges	54	5 1/2
Quiche en feuilles de chou	68	6
Tarte salade	61	6
Quiche sans pâte	67	6 1/2
Tourte aux épinards et à la feta	66	6 1/2
Faluches campagnardes	62	7

Index par ingrédient

AMANDE (poudre d')
Quiche aux escargots 52

ANCHOIS
Tarte méditerranéenne 9

ARTICHAUT (cœur d')
Tarte aux artichauts 55

ASPERGE
Salade d'asperge verte au melon 20
Tarte aux courgettes et aux asperges 54

AUBERGINE
Tarte orientale aux légumes grillés 46

AVOCAT
Tarte salade 61

BACON
Faluches campagnardes 62
Flan aux blettes et aux pruneaux 65
Tarte râpée 50

BANANE
Minestrone au yaourt de brebis 83

BETTERAVE
Salade de betterave à l'orange 26
Salade de chou blanc aux châtaignes 24

BISCUIT A LA CUILLERE
Tarte poires-myrtilles 78

BLETTE
Flan aux blettes et aux pruneaux 65
Quiche aux escargots 52

BOUDIN (antillais)
Tartelettes aux pommes et boudin 53

CANARD (magret de)
Salade du terroir 48

CAROTTE
Millefeuille de crudité 42
Salade de carotte à l'orientale 33
Salade Thaï 28
Tarte aux légumes 34
Tartelettes de pomme de terre 32

CELERI
Salade au céleri et deux pommes 40

CHAMPIGNON (frais, de Paris, en conserve)
Pittas façon pizza 8
Quiche aux champignons 47
Quiche en feuilles de chou 68
Salade de champignon au pamplemousse 36
Salade fraîcheur aux germes de soja 44
Tarte aux légumes 34
Tourtelle au chèvre 64

CHATAIGNE
Salade de chou blanc aux châtaignes 24

CHOCOLAT
Pile ou face 74

CHOU
Millefeuille de crudité 42
Quiche en feuilles de chou 68
Salade de chou blanc aux châtaignes 24

CITRON (marmelade de)
Tartelettes meringuées au citron 86

CONCOMBRE
Galettes au saumon et concombre 21
Millefeuille de crudité 42
Sauce au concombre 70

COQUILLE SAINT-JACQUES
Tartelette aux poireaux et noix de St-Jacques 16

COURGETTE
Langoustine en salade de pomme 10
Tarte aux courgettes et aux asperges 54
Tarte aux légumes 34
Tarte orientale aux légumes grillés 46
Tarte râpée 50

CRABE
Quiche au crabe et aux petits légumes 22

CRESSON
Tarte aux courgettes et aux asperges 54

CREVETTE
Salade d'asperge verte au melon 20

ENDIVE
Salade d'endive aux trois fruits 38

EPINARD
Tourte aux épinards et à la feta 66

ESCARGOT
Quiche aux escargots 52

FECULE
Petites quiches aux herbes 60
Tartelettes meringuées au citron 86

FENOUIL
Tarte au saumon et au fenouil 18

FEUILLE DE BRICK
Corolles croustillantes aux mirabelles 84
Millefeuille de crudité 42
Pizza croustillante au thon frais 14
Tartelettes aux pommes et boudin 53

FROMAGE
Corolles croustillantes aux mirabelles 84
Clafoutis de tomate cerise 58
Galette pizza 27
Galettes au fromage frais allégé 12
Galettes au saumon et concombre 21
Langoustine en salade de pomme 10
Pittas façon pizza 8
Pizza croustillante au thon frais 14

Quiche aux champignons 47
Quiche aux escargots 52
Quiche de polenta 56
Quiche en feuilles de chou 68
Quiche sans pâte 67
Salade d'endive aux trois fruits 38
Salade de farfalle à la mâche et au bleu 59
Scarole aux croûtons et crème de chèvre 37
Tarte au saumon et au fenouil 18
Tarte aux artichauts 55
Tarte aux courgettes et aux asperges 54
Tarte orientale aux légumes grillés 46
Tarte râpée 50
Tarte salade 61
Tartelettes de pomme de terre 32
Tartelettes meringuées au citron 86
Tourte aux épinards et à la feta 66
Tourtelle au chèvre 64

FROMAGE BLANC
Quiche au crabe et aux petits légumes 22
Salade de champignon au pamplemousse 36
Sauce provençale 72
Sauce rosée 71

GALETTE DE RIZ SOUFFLE
Galettes au fromage frais et surimi 12
Galettes au saumon et concombre 21
Pile ou face 74

GIROLLE
Salade du terroir 48

GRAISSE D'OIE
Salade de chou blanc aux châtaignes 24

HARICOT BLANC / HARICOT VERT
Salade de truite fumée 13

JAMBON
Clafoutis aux poireaux et jambon 49
Quiche sans pâte 67
Quiche en feuilles de chou 68
Tarte salade 61

JULIENNE DE LEGUMES
Quiche au crabe et aux petits légumes 22

JUS DE FRUITS
Tarte aux pommes sans pâte 81
Tarte briochée à l'orange 77

KETCHUP
Quiche au crabe et aux petits légumes 22

KIWI
Minestrone au yaourt de brebis 83
Salade d'endive aux trois fruits 38

LAIT (écrémé / de soja)
Sauce pour salade au lait de soja 71
Tarte aux légumes 34

LANGOUSTINE
Langoustine en salade de pomme 10

LARD
Clafoutis aux poireaux et jambon 49

MAIZENA
Clafoutis de tomate cerise 58
Salade de betterave à l'orange 26
Tarte poires-myrtilles 78
Tarte râpée 50

MELON
Salade d'asperge verte au melon 20

MERGUEZ (de volaille)
Tarte orientale aux légumes grillés 46

MIEL
Corolles croustillantes aux mirabelles 84

MIRABELLE
Corolles croustillantes aux mirabelles 84

MOULE
Frisée aux moules 17

MYRTILLE
Tarte poires-myrtilles 78

NUOC-MAM
Salade Thaï 28

ŒUF
Clafoutis aux poireaux et jambon 49
Clafoutis de tomate cerise 58
Faluches campagnardes 62
Flan aux blettes et aux pruneaux 65
Tartelettes meringuées au citron 86

ŒUF DE CAILLE
Salade printanière aux œufs de caille 29

OLIVE
Galette pizza 27
Quiche de polenta 56

ORANGE / JUS D'ORANGE
Minestrone au yaourt de brebis 83
Salade d'endive aux trois fruits 38
Salade d'orange épicée 41
Salade de betterave à l'orange 26
Tarte briochée à l'orange 77

PAIN DIVERS
Scarole aux croûtons et crème de chèvre 37
Tarte briochée à l'orange 77

PAMPLEMOUSSE
Minestrone au yaourt de brebis 83
Salade de champignon au pamplemousse 36

PÂTES (farfalles)
Salade de farfalle à la mâche et au bleu 59

PETIT POIS
Tarte aux légumes 34

PETIT-SUISSE
Clafoutis de tomate cerise 58
Pâte brisée 5

Pâte brisée pour tarte sucrée ou salée 5
Quiche sans pâte 67
Tarte poires-myrtilles 78
Tourte aux épinards et à la feta 66

PIMENT
Salade d'asperge verte au melon 20

PITTA
Pittas façon pizza 8

POIREAU
Clafoutis aux poireaux et jambon 49
Tartelettes aux poireaux 16
Tartelettes de pomme de terre 32

POIRE
Gâteau pommes-poires à ma façon 80
Minestrone au yaourt de brebis 83
Tarte poires-myrtilles 78

POIVRON
Sauce rosée 71
Tarte aux légumes 34
Tarte orientale aux légumes grillés 46

POLENTA
Quiche de polenta 56

POMME
Gâteau pommes-poires 80
Langoustine en salade de pomme 10
Minestrone au yaourt de brebis 83
Salade au céleri et deux pommes 40
Salade d'endive aux trois fruits 38
Tartelettes aux pommes et boudin 53
Tarte aux pommes sans pâte 81

POMME DE TERRE
Galette pizza 27
Quiche aux champignons 47
Salade au céleri et deux pommes 40
Salade de champignon au pamplemousse 36
Salade du terroir 48
Salade printanière aux œufs de caille 29
Tarte râpée 50
Tartelettes de pomme de terre 32

PRUNEAU
Flan aux blettes et aux pruneaux 65

RADIS
Galettes au fromage frais et surimi 12
Salade fraîcheur aux germes de soja 44
Salade printanière aux œufs de caille 29

RAISIN / RAISIN SEC
Tarte aux oignons et aux raisins 30
Salade de carotte à l'orientale 33

SALADE
Faluches campagnardes 62
Frisée aux moules 17
Langoustine en salade de pomme 10
Salade d'asperge verte au melon 20
Salade de champignon au pamplemousse 36
Salade de farfalle à la mâche et au bleu 59
Salade fraîcheur aux germes de soja 44

Scarole aux croûtons et crème de chèvre 37
Tartelette aux poireaux et noix de St-Jacques 16
Tarte salade 61

SARDINE
Pittas façon pizza 8

SAUMON (frais, fumé, œufs de)
Galettes au saumon et concombre 21
Sauce marine 72
Tarte au saumon et au fenouil 18

SOJA (germe de / vermicelles de)
Salade fraîcheur aux germes de soja 44
Salade printanière aux œufs de caille 29
Salade Thaï 28

SUCRE VANILLE
Tarte aux pommes sans pâte 81

SURIMI
Galettes au fromage frais et surimi 12
Salade Thaï 28

TAPENADE
Tourtelle au chèvre 64

THON
Pizza croustillante au thon frais 14

TOMATE (fraîche, pelée et épépinée, cerise)
Clafoutis de tomate cerise 58
Faluches campagnardes 62
Galette pizza 27
Pizza croustillante au thon frais 14
Quiche de polenta 56
Salade de truite fumée 13
Salade printanière aux œufs de caille 29
Tarte aux tomates caramélisées 76
Tarte méditerranéenne 9
Tarte salade 61

TRUITE (fumée)
Salade de truite fumée 13

VIN BLANC
Frisée aux moules 17
Tartelettes aux poireaux et
Noix de Saint-Jacques 16

VOLAILLE (blanc de / bouillon de)
Salade Thaï 28
Tartelettes de pomme de terre 32

YAOURT
Frisée aux moules 17
Gâteau pommes-poires 80
Millefeuille de crudité 42
Minestrone au yaourt de brebis 83
Salade d'endive aux trois fruits 38
Salade de chou blanc aux châtaignes 24
Salade de farfalle à la mâche et au bleu 59
Salade du terroir 48
Salade printanière aux œufs de caille 29
Sauce au concombre 70
Sauce aux câpres 70
Sauce marine 72
Tartelettes aux poireaux 16

Les Tartes, Quiches et Salades

Nous remercions Mesdames Barthassat, Beyls, Boissard, Chauvet, Delvallée, Janin, Joannon, Lamodière, Lamy, Leduff, Macé, Mesek, Nimod, Roux, Vannetzel pour leur participation à l'élaboration de cet ouvrage.

Pour en savoir plus sur Weight Watchers et ses services - Réunion, Entretien Individuel et par correspondance Weight Watchers Chez Vous, téléphonez au **0 825 305 305** (0,15 €) consultez notre minitel 3615 WW, (0,20 €/mn) ou notre site Internet **www.weightwatchers.fr** .Pour la Belgique, téléphonez au 070/22 28 75 (tarif max : 0,17 €)ou consultez le site Internet **www.weightwatchers.be**. Pour la Suisse, téléphonez au 0 900 57 05 06 (CHF. 0,36/mn)ou consultez le site Internet **www.weightwatchers.ch**.

Réalisation culinaire : Dominique Labrousse.
Stylisme et Photos : Philippe Exbrayat, Clichy.
Réalisation : Dominique Lehault
Impression : Massoz (Liège)
Shopping : Villeroy & Boch, Centre commercial l'Art de vivre, 78630 Orgeval. Tél. 01 39 75 40 69

I.S.B.N. : 2-905275-79-0
Dépôt légal : 1e trimestre 2002.

Weight Watchers®